BEI GRIN MACHT SICH IHR WISSEN BEZAHLT

AF167937

- Wir veröffentlichen Ihre Hausarbeit,
  Bachelor- und Masterarbeit

- Ihr eigenes eBook und Buch -
  weltweit in allen wichtigen Shops

- Verdienen Sie an jedem Verkauf

Jetzt bei www.GRIN.com hochladen
und kostenlos publizieren

Bibliografische Information der Deutschen Nationalbibliothek:

Die Deutsche Bibliothek verzeichnet diese Publikation in der Deutschen National-
bibliografie; detaillierte bibliografische Daten sind im Internet über http://dnb.d-
nb.de/ abrufbar.

Impressum:

Copyright © 2020 GRIN Verlag
Druck und Bindung: Books on Demand GmbH, Norderstedt Germany
ISBN: 9783346118196

Dieses Buch bei GRIN:

https://www.grin.com/document/535146

Sven Dytrych

SaaS-Dienstleistungen in kleineren und mittleren Unternehmen

GRIN Verlag

GRIN - Your knowledge has value

Der GRIN Verlag publiziert seit 1998 wissenschaftliche Arbeiten von Studenten, Hochschullehrern und anderen Akademikern als eBook und gedrucktes Buch. Die Verlagswebsite www.grin.com ist die ideale Plattform zur Veröffentlichung von Hausarbeiten, Abschlussarbeiten, wissenschaftlichen Aufsätzen, Dissertationen und Fachbüchern.

Besuchen Sie uns im Internet:

http://www.grin.com/

http://www.facebook.com/grincom

http://www.twitter.com/grin_com

Hochschule Hannover

Wirtschaftsinformatik

SaaS-Dienstleistungen in KMU

SaaS-Lösungen als digitaler Enabler für KMU

Sven Dytrych

Inhaltsverzeichnis

Abkürzungsverzeichnis

KMU	kleines oder mittleres Unternehmen
IfM	Institut für Mittelstandsforschung
SaaS	Software-as-a-Service
IaaS	Infrastructure-as-a-Service
PaaS	Platform-as-aService
EU	Europäische Union
DSGVO	Datenschutz-Grundverordnung
NIST	National Institute of Standards and Technology
IT	Informationstechnik
ERP	Enterprise-Resource-Planning
CRM	Customer-Relationship-Management
OS	operating system
CPU	central processing unit
SECaaS	Security-as-a-Service
SSL	Secure Sockets Layer

Abbildungs-/Tabellenverzeichnis

Kurzfassung

Wer heute ein Unternehmen führen oder gründen will, muss sich zwangsläufig mit einer funktionierenden ITK auseinandersetzen. Unabhängig von der Branche des Unternehmens fallen immer wieder Prozesse an, die eine ITK-Lösung voraussetzen. Das kann bspw. eine einfache Kundenbenachrichtigung per E-Mail oder eine Unternehmens-Website sein, aber auch ein komplexer Bestellvorgang mit einem Zulieferer. Nicht nur Serviceangebote für einen Endverbraucher werden ermöglicht, sondern auch teils kritische Unternehmensprozesse umgesetzt. Doch eine eigene Infrastruktur setzt neben einem relativ großen Budget auch ein gewissen Know-how voraus. Besondern im EU-Raum gelten durch die Datenschutz-Grundverordnung (DSGVO) seit dem Inkrafttreten im Jahr 2018 spezielle Anforderungen an Unternehmen, die personenbezogene Daten speichern, bzw. verarbeiten. Jüngst wurde gegen das Unternehmen „Deutsche Wohnen" ein Bußgeld in Höhe von 14,5 Millionen Euro verhängt, weil das börsennotierte Unternehmen personenbezogene Daten nicht nach DSGVO-Vorschrift gelöscht haben soll.

Angesichts solcher Bußgelder muss besonders ein kleines, zum Beispiel familiengeführtes, Unternehmen sich mit Fragen zur eigenen ITK-Infrastruktur auseinandersetzen. Dabei ist es irrelevant ob dies zu dem Kerngeschäftsprozess gehört oder nur kleinere Nebenprozesse betrifft, wie Support oder die Führung eines Kundenstamm.

Im Rahmen dieser Arbeit gilt es zu erörtern, ob KMU grundsätzlich auf SaaS-Lösungen setzen sollten und ob diese als Enabler für junge Unternehmen dienen.

1. Definition KMU

KMU ist die Abkürzung für „kleine und mittlere Unternehmen". Damit werden oft Unternehmen bezeichnet, die eine mittelständige Geschäftsführung haben und sowohl in ihrer Führung als auch Unternehmensstrategie folgende Merkmale aufweisen können[1]:

- Der Unternehmensleiter hält mindestens 50 Prozent der Unternehmensanteile.
- Die Unternehmensleitung besteht aus wenigen anderen Personen, meist Familienangehörigen.
- Unternehmer, bzw. Eigenkapitalerbringer sind maßgeblich abhängig vom Geschäftserfolg.
- Eine flache Hierarchie und kurze Entscheidungswege.
- Es existieren selten fundierte, strategische Planungen, sondern eher operative Aufgaben aus dem Tagesgeschäft.

Diese Einordnung wird zur empirischen bzw. wissenschaftlichen Arbeit mit quantitativen Eigenschaften ergänzt, welche wie folgt von der EU, als auch dem IfM Bonn definiert werden.

1.1 Definition KMU nach EU

Die Eingruppierung eines Unternehmens nach der EU-Empfehlung 2003/36[2] richtet sich nach zwei Faktoren: Mitarbeiteranzahl und Jahresumsatz. Dabei wird ein Unternehmen in eine von drei Gruppen eingeteilt (vgl. Tabelle 1). Die Schwellenwerte in der EU sind seit dem 01.01.2005 gültig.

Unternehmens-größe	Zahl der Beschäftigten	und	Umsatz €/Jahr	oder	Bilanzsumme €/Jahr
kleinst	Bis 9		Bis 2 Millionen		Bis 2 Millionen
klein	Bis 49		Bis 10 Millionen		Bis 10 Millionen
mittel	Bis 249		Bis 50 Millionen		Bis 43 Millionen

TABELLE 1: KMU-SCHWELLENWERTE DER EU[2]

---

[1] https://www.wi.uni-muenster.de/sites/wi/files/public/research/arbeitsberichte/ab131.pdf
[2] https://eur-lex.europa.eu/legal-content/DE/TXT/PDF/?uri=CELEX:32003H0361&from=EN

Diese Einteilung ist wichtig für den Zugang von Finanzmitteln und Förderprogrammen der EU.

1.2 Definition KMU nach IfM Bonn

Neben der Einteilung nach EU-Empfehlung definiert das Institut für Mittelstandsforschung (IfM) Bonn[3] ein KMU mit anderen Schwellenwerten (vgl. Tabelle 2). Mit dem höheren Schwellenwert für mittelgroße Unternehmen möchte das IfM Bonn die deutsche Besonderheit herauszustellen, dass im Vergleich zu den anderen EU-Mitgliedstaaten Deutschland weniger stark durch Kleinstunternehmen geprägt sei.[4]

Unternehmensgröße	Zahl der Beschäftigten	und	Umsatz €/Jahr
kleinst	Bis 9		Bis 2 Millionen
klein	Bis 49		Bis 10 Millionen
mittel	Bis 499		Bis 50 Millionen

TABELLE 2: KMU-SCHWELLENWERTE DES IFM BONN[3]

Laut einer Studie von Eurostat im Auftrag des IfM Bonn liegt die durchschnittliche Anzahl an Beschäftigten je KMU in Deutschland bei 7,5 Mitarbeitern, während der EU-Durchschnitt bei 3,9 liege. Zudem sei der größte Anteil der Beschäftigten in Unternehmen ab 250 Mitarbeitern beschäftigt, welche 46 Prozent der Wertschöpfung ausmachen.[4]

2. Definition Cloud-Computing

Der Begriff „Cloud-Computing" wurde das erste Mal von Ramnath K. Chellappa bei einer Konferenz in Dallas 1997 verwendet. Obwohl seitdem mehr als 20 Jahre vergangen sind, gibt es bis heute keine standardisierte Definition zu diesem Begriff.[5]

Häufig wird folgende Definition des National Institute of Standards and Technology (NIST) herangezogen: „Cloud Computing ist ein Modell, das es erlaubt, bei Bedarf, jederzeit und überall bequem über ein Netz auf einen geteilten Pool von konfigurierbaren Rechnerressourcen (z. B. Netze, Server, Speichersysteme, Anwendungen

[3] https://www.ifm-bonn.org/definitionen/kmu-definition-des-ifm-bonn/
[4] https://www.ifm-bonn.org/statistiken/mittelstand-im-einzelnen/#accordion=0&tab=8
[5] Hentschel & Leyh, 2016, S. 565

und Dienste) zuzugreifen, die schnell und mit minimalem Managementaufwand oder geringer Serviceprovider-Interaktion zur Verfügung gestellt werden können."[6] Folgende fünf Eigenschaften charakterisieren gemäß der NIST-Definition einen Cloud-Service:

- Die Provisionierung der Ressourcen erfolgt ohne Interaktion mit dem Provider.
- Die Services sind mit Standardmechanismen über das Netz verfügbar und an keinen Client gebunden.
- Die Ressourcen liegen für alle Benutzer in einem Pool bereit. Die Anwender wissen nicht, wo sich dieser Pool befindet, der Aufenthaltsort kann jedoch vertraglich festgelegt werden.
- Die Services können schnell und elastisch zur Verfügung gestellt werden. Die Ressourcen erscheinen dadurch unendlich.
- Die Ressourcennutzung kann gemessen und überwacht werden, um sie dem Anwender in Rechnung zu stellen.

Diese übers Netz bereitgestellten Ressourcen/Services lassen sich in drei unterschiedliche Modelle einteilen: Infrastructure-as-a-Service (IaaS), Platform-as-a-Service (PaaS) und Software-as-a-Service (SaaS). Während bei IaaS nur Server,

IaaS	PaaS	SaaS
Anwendung	Anwendung	Anwendung
Datenverarbeitung	Datenverarbeitung	Datenverarbeitung
Laufzeitumgebung	Laufzeitumgebung	Laufzeitumgebung
Middleware	Middleware	Middleware
OS	OS	OS
Virtualisierung	Virtualisierung	Virtualisierung
Server	Server	Server
Speicher	Speicher	Speicher
Netzwerk	Netzwerk	Netzwerk

■ = vom Anwender betreut   ■ = vom Service-Provider betreut

TABELLE 3: SERVICE-LEVEL[7]

---

[6] https://csrc.nist.gov/publications/detail/sp/800-145/final
[7] https://www.bmc.com/blogs/saas-vs-paas-vs-iaas-whats-the-difference-and-how-to-choose/

Speicher und Virtualisierung vom Service-Provider bereitgestellt werden, beinhaltet der Service bei SaaS noch zusätzlich ein Betriebssystem, Middleware und Software (vgl. Tabelle3).

3. Definition SaaS

SaaS steht für „Software-as-a-Service" und gehört zu den Cloudlösungen, bei denen eine Software nicht lokal installiert und ausgeführt wird, sondern beim SaaS-Anbieter. Der Endnutzer hat über ein Netzwerk Zugriff auf die Software und führt sie darüber aus.[8] Eine lokale Installation der Software entfällt vollständig. Für Betrieb und Wartung ist der Service-Provider zuständig. Der Endanwender hat hierbei oftmals nur stark eingeschränkte Möglichkeiten die Software zu personalisieren, da die Anwendung einer breiten Masse an Anwender zur Verfügung gestellt wird.[9]

3.1 Vorteile von SaaS

Einer der größten Vorteile von SaaS-Lösungen sei die Kosteneinsparung[10] im Vergleich zu bspw. bekannten ERP-Systemen wie SAP. Das durchschnittliche Budget für IT liegt, je nach Branche, zwischen 0,8 Prozent und 7,9 Prozent des Gesamtumsatzes.[11] Dortige Einsparungen können einen erheblichen Unterschied bedeuten fürs Unternehmen.

Durch SaaS-Lösungen können Hardware- Personal- und Wartungskosten eingespart werden, ohne den Fokus des Kerngeschäfts zu vernachlässigen.[7]

Dabei ist fachliches Know-how für eine Inhouse-Lösung nicht nur kostenintensiv, sondern auch unter Umständen langwierig in der Rekrutierung. „Ein SaaS-Produkt bietet vor diesem Hintergrund dem KMU die Chance, indirekt an dem Spezialwissen der IT-Mitarbeiter des SaaS-Anbieters zu partizipieren."[12]

---

[8] https://it-service.network/it-lexikon/saas
[9] Hentschel & Leyh, 2016, S. 571
[10] https://www.techtag.de/it-und-hightech/cloud-computing/software-as-a-service-vor-und-nachteile-von-saas/
[11] https://de.statista.com/statistik/daten/studie/75779/umfrage/it-budgets-als-anteil-am-umsatz-nach-branchen/
[12] Vgl. Schreiber & Kittlaus, 2010, S. 40

Zudem kommen auch eine schnellere und einfachere Skalierung und eine Risiko-Übertragung an den Anbieter, die eine Software-on-Demand-Lösung, gerade für KMU, interessant machen. Auch Sonderheiten, wie IT-Sicherheit werden an den SaaS-Anbieter ausgelagert, was Kapazitäten im eigenen Unternehmen einspart.

Durch die komplette Auslagerung können auch Kosten für lokale Hardware eingespart werden, da Berechnungen komplett in der Cloud stattfinden. Anwender benötigen lediglich einen Client mit Internetzugriff ohne Hardwareanforderungen, beispielsweise CPU, beachten zu müssen.[13]

3.2 Nachteile von SaaS

Das hohe Maß an Verantwortung, welches an einen SaaS-Anbieter übergeben wird macht eine gründliche Bewertung hinsichtlich Seriosität und Verlässlichkeit notwendig. Ebenso müssten eine umfassende vertragliche Reglung zur Bereitstellung aller Leistungen und Services erfolgen. Darunter fällt auch eine Regelung zur Datenrückgabe bei Vertragsende.[6] Es müssen Verantwortungen vorab geklärt werden, da bei vielen KMU diesbezüglich Unklarheit herrscht.[14]

Neben den Verantwortungen müssen auch andere Aspekte, wie Zuverlässigkeit, Erreichbarkeit und Datensicherheit, im Vorfeld evaluiert werden. Dies wird in einem Service-Level-Agreement (SLA) vertraglich festgehalten. Für einige Anwender ist es beispielsweise entscheidend, wo die Server des Service-Provider stehen, oder wie hoch die Verfügbarkeit des Services im Jahr ist (bspw. 99,99 Prozent). Dieses SLA setzen ein gewisses Know-how des Kunden voraus, damit dieser ein SLA abschließen kann, welches seinen Bedürfnissen entspricht. Besonders bei der Serververfügbarkeit bedeutet der Unterschied zwischen einem SLA von 99,9 % und 99,999 % von 8,7 Stunden bis zu fünf Minuten Downtime im Jahr.[15]

Weiter bieten SaaS-Anbieter nur eine Standardversion der Software an, weswegen der Kunde wenig, bis keine, Möglichkeiten zur Individualisierung der Software hat.

---

[13] vgl. Hentschel & Leyh, 2016, S. 571
[14] https://www.computerworld.ch/business/business-it/kmu-kaempfen-unklarheiten-verwaltung-saas-diensten-1551843.html
[15] https://www.computerweekly.com/de/feature/Was-SLAs-fuer-Software-as-a-Service-SaaS-enthalten-sollten

Die Preisgestaltung bei SaaS-Produkten teilt sich meist in mehrere Pakete auf. Einige SaaS-Provider kategorisieren diesen Preis nicht nur nach der Anzahl der Benutzer, sondern auch nach der Anzahl der verarbeiteten Datensätze. Bspw. bietet Salesforce für sein Produkt „Pardot B2B Marketing Automation" drei verschiedene Pakete mit verschiedenen Funktionen und „bis zu 10.000 Kontakte"[16] an. Weitere Kontakte müssen extra bezahlt werden.

3.3 SaaS-Lösungen und die DSGVO

Am 25.05.2018 ist in allen EU-Ländern die DSGVO in Kraft getreten und verpflichtet Unternehmen vor allem personenbezogene Daten mit besonderer Sorgfalt zu schützen. Darunter fallen unter anderem das Recht auf Datenlöschung (Artikel 17 der DSGVO) und Datenübertragbarkeit (Artikel 20 der DSGVO). Diese Gesetze gelten für alle Unternehmen im EU-Raum.[17]

Eine Auslagerung von personenbezogenen Daten an einen SaaS-Anbieter ist ein Weg die Verantwortung für die Daten-Sicherheit in professionelle Hände zu geben.[18] In der Praxis kann ein SaaS-Anbieter seine Software auch über einen Cloudanbieter außerhalb der EU anbieten[9]. Allerdings muss der Anwender hier einige Besonderheiten beachten, da sonst Strafen in Höhe bis zu vier Prozent des gesamten erzielten Jahresumsatzes drohen.[19]

Bspw. schreibt der CLOUD Act der USA vor, dass amerikanische Unternehmen Zugang zu Daten gewähren müssen, die außerhalb der USA gespeichert werden.[20] Allerdings lässt die Datenschutzrichtline der EU eine Verarbeitung von personenbezogen Daten im EU-Ausland zu, wenn diese Länder ein „adäquates Datenschutzniveau"[21] sicherstellen, wie bspw. mit dem Privacy-Shield-Abkommen[22]. Hierbei muss jedoch nicht nur die DSGVO-konforme Sicherung der Daten beachtete werden, sondern auch ihre sichere Übertragung an den Provider.

---

[16] https://www.salesforce.com/de/editions-pricing/marketing-cloud/pardot/?d=cta-body-promo-233
[17] https://www.heise.de/brandworlds/cloud-services/was-die-dsgvo-fuer-saas-anbieter-bedeutet/
[18] https://www.aeonos.de/blog/209-eu-dsgvo-warum-saas
[19] https://dsgvo-gesetz.de/themen/bussgelder-strafen/
[20] https://www.congress.gov/bill/115th-congress/house-bill/4943
[21] http://www.it-rechts-praxis.de/meldungen/Datenschutz-bei-SaaS-und-Cloud-Computing-188
[22] https://www.datenschutz.org/privacy-shield/

Dass die DSGVO einen großen Einfluss auf die Anbieterauswahl hat zeigt eine Umfrage der Bitkom Research von Juni 2019. 90 Prozent der 500 befragten Unternehmen gaben an, es sei ein Must-have, dass der Cloud-Provider konform mit der DSGVO geht.[23]

3.4 Haupteinsatzgebiete von SaaS

Es gibt verschiedene Einsatzmöglichkeiten für Software-as-a-Service, jedoch muss nicht für alle Prozesse auf eine SaaS-Lösung gesetzt werden. Eine Umfrage der Bitkom Research von März 2017 unter 237 Unternehmen ergab, dass fast die Hälfte der Unternehmen hauptsächlich Office-Anwendungen aus der Cloud beziehen (vgl. Abbildung 1). Als zweithäufigste Verwendung wurde Security-as-a-Service (SECaaS) genannt. SECaaS beinhaltet vor allem Sicherheitsmanagement, wie bspw. Virenschutz, Autorisierung und Authentifizierung.[24]

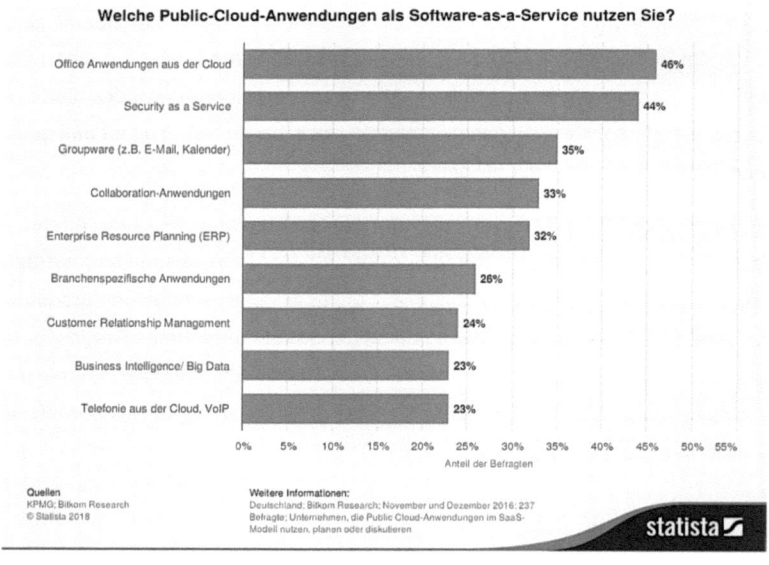

Abbildung 1: Welche Public-Cloud-Anwendungen als Software-as-a-Service nutzen Sie?

---

[23] https://de.statista.com/statistik/daten/studie/545924/umfrage/kriterien-bei-der-auswahl-eines-cloud-providers-in-deutschen-unternehmen/
[24] https://www.itwissen.info/SaaS-security-as-a-service-Security-as-a-Service.html

Weiter ergab eine Erhebung der Statistischen Ämter des Bundes und der Länder, dass 61 Prozent der befragten Unternehmen die Cloud zur Sicherung von Daten nutzen (vgl. Abbildung 2).

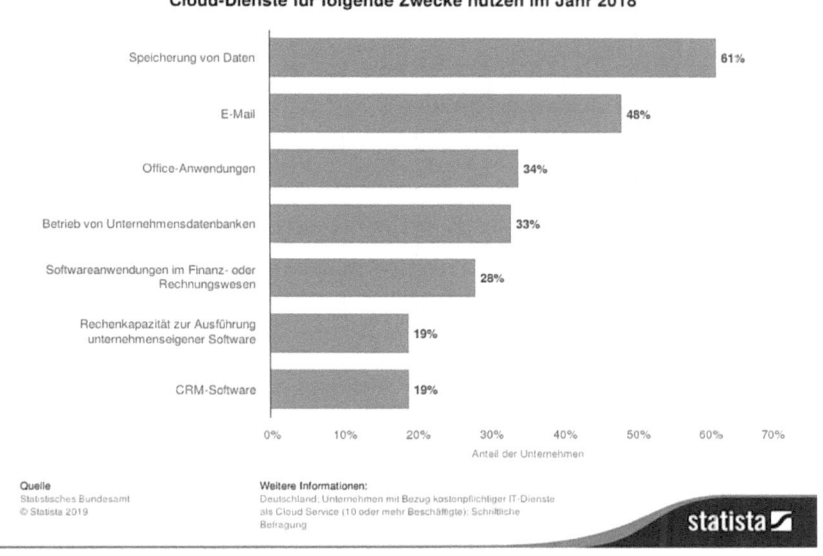

ABBILDUNG 2: ANTEIL DER CLOUD-NUTZENDEN UNTERNEHMEN IN DEUTSCHLAND, DIE KOSTENPFLICHTIGE CLOUD-DIENSTE FÜR FOLGENDE ZWECKE NUTZEN IM JAHR 2018

Daraus ergibt sich, dass Unternehmen in Deutschland Cloud-Lösungen hauptsächlich für einfache Office-Anwendungen, Datensicherung und Datenverarbeitung (bspw. CRM) nutzen.

4. Fallbeispiel

In diesem fiktiven Szenario hat die Bäckerei „Backfrisch" ein familiengeführtes Unternehmen mit vier Filialen, welche sich über mehrere Dörfer verteilen, wobei sich in der Hauptfiliale auch die Backstube befindet. Die Unternehmensführung wird vom Vater an den Sohn, Herrn Bäcker Junior, übertragen. Dieser möchte das Unternehmen modernisieren und seinen Kunden einen Lieferservice anbieten, da die Filialen für viele Dorfbewohner (bspw. ältere Leute) schwer zugänglich sind. Zudem befinden sich viele Ferienunterkünfte im Umkreis und einige der Vermieter hatten schon nach einem Lieferdienst für ihre Gäste gefragt. Durch den Lieferdienst sollen so mehr potenzielle Kunden gewonnen und auch Endprodukte bedarfsgerechter produziert werden.

Das Vorhaben soll zuerst nur in der Hauptfiliale und ausschließlich sonntags zur Verfügung stehen. Bei Erfolg des Testlaufs soll das Angebot auf alle Filialen und weitere Liefertage ausgeweitet werden.

4.1 Anforderung

Herr Bäcker Junior ist nicht sehr IT-affin und hat sich entschlossen, auch im Hinblick auf die DSGVO, einen Berater für die technische Umsetzung zu konsultieren. Beim Gespräch skizziert Herr Bäcker Junior die Anforderungen an das System:

- Website mit Shop
- Verschiedene Zahlungsmöglichkeiten
- Kundendatenbank
- Eigene E-Mail-Domäne
- Office-Tools zur Dokumentenverwaltung

Alle Filialen sind durch die Umstellung auf VoIP ans Internet angebunden, verfügen jedoch über keine EDV-Endgeräte.

4.2 Kosten On-Premises-Lösung

Die Kosten sind sehr variabel, da an verschiedenen Punkte mehr oder weniger Budget geplant werden kann. Beispielsweise können gebrauchte Server oder Open-Source Software verwendet werden, um Kosten zu sparen.

Die folgenden Angaben dienen der groben Veranschaulichung und beinhalten eine Anbindung aller vier Standorte.

An Hardware wird neben den Clients in den einzelnen Filialen ein Server gebraucht. Auf dem Server sollen die Website, das CRM und der Exchange-Server laufen. Für besseren Schutz soll ein extra Server mit einer Firewall installiert werden.

Hardware

Serverschrank	1^9,00 €
1x Server	219,99 €
4x Client	516,00 €
=	854,99 €

Die Clients sollen mit Windows 10 ausgestattet werden. Neben den Betriebssystemen für die Clients brauchen auch die Server Betriebssysteme. Um, neben anderen Aspekten, Kosten zu sparen wird hier auf ein Unix-basiertes OS ohne GUI gesetzt. Für die Firewall und das CRM sollen Open-Source-Lösungen genutzt werden.

Software

OS	143,96 €
CRM	0,00 €
Exchange	933,48 €
MS Office	1 196,00 €
Firewall	0,00 €
=	2.273,44 €

Neben der Einrichtung der Infrastruktur muss auch die Website erstellt werden. Dafür wird eine Agentur beauftragt, welche die Website nach den individuellen Anforderungen erstellt.

Da Herr Bäcker Junior personenbezogene Daten seiner Kunden speichern und verarbeiten möchte, muss er dies DSGVO-konform tun. Allerdings muss dafür kein Datenschutzbeauftragter benannt werden, da weniger als neuen Mitarbeiter personenbezogene Daten verarbeiten und die Verarbeitung auch nicht zum Kernbereich des Unternehmens gehört (Abschnitt 4,Artikel 37 der EU-DSGVO)[25].

Einmalige Dienstleistungen

Webdesign (einfach)	1.069,81 €
Einrichtung/Beratung	5.000,00 €
=	6.069,81 €

Die laufenden Kosten für die IT-Infrastruktur setzen sich aus Stromkosten für die Server/Clients und einem Wartungsvertrag für diese zusammen.

---

[25] https://eur-lex.europa.eu/legal-content/DE/TXT/PDF/?uri=CELEX:32016R0679

Laufende Kosten/Jahr

Strom (Server)	1.125,00 €
Wartung/Support	1.188,00 €
Domain	15,48 €
SSL-Zertifikat	129,00 €
=	2.457,48 €

Insgesamt wird das Projekt im ersten Jahr 11.655,72 € und jährlich 2.457,48 € kosten. Würde dieses fiktive Szenario in die Praxis umgesetzt werden, würden die Servicekosten wahrscheinlich höher ausfallen, da diese nur grob überschlagen sind. Die Kosten für nur einen Standort im Testlauf würden für dieses Szenario ca. 12.519,27 € (plus laufende Kosten) betragen.

4.3 Kosten SaaS-Lösung

Auch für eine SaaS-Lösungen wird Hardware vor Ort benötigt. Jedoch ausschließlich Clients zum Aufruf der jeweiligen Software.

Hardware

4x Client + OS	659,96 €
=	659,96 €

Auch wenn die Einrichtung der Hardware nicht so umfangreich ist, wie bei der On-Premises-Lösung, so muss das Personal und die Geschäftsführung geschult werden. Bei der Auswahl des richtigen SaaS-Anbieters hilft ein professioneller Berater, der das Projekt begleitet.

Einmalige Dienstleistungen

Einrichtung/Beratung	5.000,00 €
=	5.000,00 €

Um alle Anforderungen abzudecken werden mehrere SaaS-Lösungen eingesetzt. Die Website wird mittels Baukastenprinzip erstellt und vom Anbieter mit einem Webshop, einer eigenen Domain[26], sowie E-Mail-Adresse ausgestattet.[27] Bei der Suche nach einem passenden Anbieter fallen zwei Dinge auf:

- Es herrscht ein Fülle an SaaS-Anbietern, die mit verschiedenen Leistungen werben.

---

[26] https://de.squarespace.com/domain-namen-suchen/
[27] https://de.squarespace.com/preise/

- Bei den meisten Anbietern gibt es versteckte Kosten. Diese können Transaktionspreise oder erhöhte Abo-Preise nach der Einführungszeit sein. Diese Kosten sind meist nicht ersichtlich und verbergen sich im Kleingedruckten.[20]

Die CRM-Software muss datenschutzkonform sein und im Idealfall mit dem Webshop verknüpft werden können. Auch hier gibt es verschiedene Anbieter von denen auch welche mit dem Angebot „DSGVO-konforme CRM-Cloud"[28] werben.

Laufende Kosten/Jahr

Webshop	222,00 €
E-Mail Domain	Inklusive
Domain	Inklusive
CRM	1.056,00 €
MS Office	422,40 €
=	1.700,40 €

Damit betragen die Kosten für das erste Jahr 7.360,36 €, davon sind 1.700,40 € laufende Kosten.

4.4 Vergleich

On-Premises	SaaS
Einmalige Kosten	
9.198,24 €	5.659,96 €
Laufende Kosten	
2.457,48 €	1.700,40 €

Im direkten Vergleich erscheinen die Kosten für eine SaaS-Lösung wesentlich günstiger. Aber dabei sind die Einmaligen Kosten auf etwa dem gleichen Niveau, was sich hauptsächlich durch Kosten für Berater ergibt. Die laufenden Kosten sind bei SaaS verglichen mit On-Premises-Lösungen wesentlich günstiger.

Würde man erst nur einen Standort ausstatten, so würde die On-Premises-Lösung 1.391,97 €, und die SaaS-Lösung 1.603,77 € günstiger werden. Allerdings bestehen die Einsparungen bei der SaaS-Lösung hauptsächlich aus den laufenden Kosten (1.108,80 €) durch weniger Endbenutzer. Die Einsparungen bei der On-Premises-

---

[28] https://1crm-system.de/crm-preise/crm-cloud/

Lösung bestehen im Gegensatz dazu hauptsächlich aus einmaligen Kosten. Hier werden die Skalierungskosten bei SaaS-Lösungen deutlich, welche sich mit steigender Nutzeranzahl ändert. Zusätzlich wird mit der SaaS-Lösung auch auf eine individualisierte Software verzichtet.

Die Gegenüberstellung beider Lösungen zeigt auf, dass SaaS, sofern der Fokus auf den Kosten liegt, besser als Enabler für die fiktive Firma „Backfrisch" geeignet ist. Auch hinsichtlich der Handhabung, IT-Security etc., kann SaaS überzeugen, da Verantwortungen an den SaaS-Anbieter übertragen werden.

Für den Vergleich der Kosten einer Inhouse-Lösung gegenüber einer SaaS-Lösung bei der Einführung neuer Software hat die Zeitschrift „IEEE Software" im Artikel „Business application acquisition: On-premise or SaaS-based solutions?" eine einfache Formeln vorgestellt zur Berechnung der Kosten beider Vorgehen.[29]

C_u: Vorabkosten für die Entwicklung/Einführung von neuer Software

$$C_u(SaaS) = N * C_{SaaS\_sub} + C_{in} + C_{ut} + C_O$$

$$C_u(inhouse) = C_d + C_{ps} + C_{in} + C_{ut} + C_h + C_O$$

N: Anzahl Nutzer

C_{SaaS_sub}: Kosten für SaaS-Abonnement

C_{in}: Kosten für Individualisierung

C_{ut} Trainingskosten/Workshops

C_d: Softwareentwicklung

C_{ps}: Kosten professioneller Service

C_h: Kosten Hard/Middleware

C_O: operationale Kosten

$$C_o(SaaS) = C_{ic}$$

$$C_o(inhouse) = N * C_{ic} + C_{adm} + C_{pow} + C_{floor}$$

C_{ic}: Kosten für Internetzugang/Infrastruktur

C_{adm}: Administrationskosten

C_{pow}: Stromkosten

---

[29] Vgl. Bibi, Katsaros, & Bozanis 2012 S. 3

C_{floor}: Raummiete

C_{ad}: jährliche Kosten zur Unterhaltung von Hard-/Software

$$C_{ad}(SaaS) = N * C_{SaaS\_sub} + C_{a\_ps} + C_{a\_cust}$$

$$C_{ad}(inhouse) = C_{a\_smain} + C_{a\_hmain} + C_{a\_ps} + C_{a\_cust}$$

C_{a_smain}: Softwarewartung

C_{a_hmain}: Hardwarewartung

C_{a_cust}: Anpassung

C_{a_ps}: Professioneller Support

Aus diesen drei Formeln ergeben sich die Gesamtkosten für die jeweilige Lösung, die „Total Cost of Ownership" (TCO), für n Jahre:

$$TCO = C_u + \sum_{i=2}^{n}(C_{ad} + C_o)$$

Diese Formel ist vereinfacht und wurde entwickelt, um Managern einen einfachen Überblick zum Kostenvergleich zwischen SaaS- und Inhouse-Lösungen zu ermöglichen.

5. Fazit

Es wird deutlich, dass SaaS-Lösungen als Enabler für insbesondere junge Unternehmen dienen können, die sie noch im Aufbau ihres Unternehmens befinden. Allerdings ist das Modell nicht immer die richtige Entscheidung. Neben der Vorbereitung, wozu auch das Abwägen von Prozessen gehört, kann eine Inhouse-Lösung auf lange Sicht günstiger sein. Zwar sind die Kosten für einen SaaS-Zugang mitunter sehr günstig, jedoch sind die vom Marketing beworbenen Preise pro Monat häufig auch an Jahresabonnements gebunden und können durch versteckte Zusatzkosten, wie begrenzte Nutzer und/oder Datensätze, durchaus einen dreistelligen Jahresbetrag erreichen.

Fehlende Individualisierung und steigende Kosten bei einer starken Skalierung können inhouse-Lösungen zur kostengünstigeren Alternative werden lassen, auch wenn diese anfänglich kostenintensiver als SaaS-Lösungen sind. Hier ist eine gut geplante Zukunftsorientierung die entscheidende Variabel.

Sollte ein Unternehmen sich mit der Verwaltung sensibler Daten konfrontiert sehen, bspw. Kunden- oder Geschäftsdaten, und dem SaaS-Anbieter fehlt es außerdem an Transparenz, wird eine SaaS-Lösung im Vorfeld nahezu ausgeschlossen. Auch Service-Level-Agreements können hier einen entscheidenden Unterschied machen. Ein Online-Shop, der im Jahr drei Tage im Gegensatz zu drei Stunden nicht erreichbar ist, wird wesentlich höheren finanzielle Einbußen erleiden. Dies kann sich zusätzlich negativ auf die Kundenbeziehung auswirken, wie bspw. das Kundenvertrauen und das, durch den Kunden wahrgenommene, professionelle Auftreten des Unternehmens.

Damit zeigt sich, dass SaaS zwar ein finanzieller Enabler sein kann, aber der Wahl von SaaS-Produkten trotzdem ein gründliches Auseinandersetzen vorausgeht.

Diese ausführliche Vorbereitung kann zu erheblichen Mehrkosten führen, die im beworbenen Plug-and-Play-Angebot des SaaS-Anbieters nicht inbegriffen sind.

Es ist nötig im Vorfeld beide Optionen zu evaluieren. Dies sollte mittels professioneller Hilfe geschehen, da die Konsequenzen von Fehlentscheidungen geschäftskritische Folgen haben können.

Auch im Hinblick auf die DSGVO ist dies zu empfehlen, weil Verstöße gegen eben diese mit bis zu vier Prozent des weltweiten Jahresumsatzes geahndet werden können.

Literaturverzeichnis

Bedell, C. (8. September 2015). *Was SLAs für Software as a Service (SaaS) enthalten sollten.* Abgerufen am 11. Dezember 2019 von Computerweekly: https://www.computerweekly.com/de/feature/Was-SLAs-fuer-Software-as-a-Service-SaaS-enthalten-sollten

Bibi, S., Katsaros, D., & Bozanis, P. (20. April 2012). Business Application Acquisition: On-Premise or SaaS-Based Solutions? *IEEE Software*, S. 86-93.

CRM-Preise: 1CRM. (11. 12 2019). Abgerufen am 11. Dezember 2019 von 1CRM: https://1crm-system.de/crm-preise/crm-cloud/

Datenschutz und IT-Sicherheit. (21. Januar 2011). Abgerufen am 7. Januar 2020 von TCI Rechtsanwälte: http://www.it-rechts-praxis.de/meldungen/Datenschutz-bei-SaaS-und-Cloud-Computing-188

Dokument 32016R0679. (27. April 2016). Abgerufen am 22. Januar 2020 von EUR-Lex: https://eur-lex.europa.eu/legal-content/DE/TXT/PDF/?uri=CELEX:32016R0679&qid=1579679371327&from=DE

Domain registrieren. (kein Datum). Abgerufen am 11. Dezember 2019 von Squarespace: https://de.squarespace.com/domain-namen-suchen/

DSGVO Bußgelder/Strafen. (7. Januar 2020). Von Intersoft Consulting: https://dsgvo-gesetz.de/themen/bussgelder-strafen/ abgerufen

EU-DSGVO mit SaaS einhalten. (Januar 2018). Abgerufen am 7. Dezmeber 2019 von Aenos: https://www.aeonos.de/blog/209-eu-dsgvo-warum-saas

EU-US Privacy Shield: Schutzschild für europäische Daten? (19. Oktober 2018). Abgerufen am 11. Januar 2020 von Datenschutz.org: https://www.datenschutz.org/privacy-shield/

H.R.4943 - CLOUD Act. (6. Februar 2018). Abgerufen am 7. Januar 2020 von Congress.gov: https://www.congress.gov/bill/115th-congress/house-bill/4943

Haselmann, T. R. (2011). *Empirische Bestandsaufnahme des Software-as-a-Service-Einsatzes in kleinen und mittleren Unternehmen.* Wirtschaftsinformatik. Münster: Institut für Wirtschaftsinformatik, WWU Münster. Abgerufen am 11. Januar 2020 von https://www.wi.uni-muenster.de/de/forschung/arbeitsberichte

Hauser, V. (10. Oktober 2018). *Was die DSGVO für SaaS-Anbieter bedeutet.* Abgerufen am 11. Dezember 2019 von Heise: https://www.heise.de/brandworlds/cloud-services/was-die-dsgvo-fuer-saas-anbieter-bedeutet/

Henkel, M. (11. Juli 2016). *Techtag.* Abgerufen am 7. Dezember 2019 von Software as a Service: Vor- und Nachteile von SaaS: https://www.techtag.de/it-und-hightech/cloud-computing/software-as-a-service-vor-und-nachteile-von-saas/

Hentschel, R., & Leyh, C. (2016). Cloud Computing: Gestern, heute, morgen. *HMD Praxis der Wirtschaftsinformatik: Vol. 53,* 563-579.

IT-Budgets als Anteil am Umsatz in verschiedenen Branchen weltweit im Jahr 2015. (30. Juni 2017). Abgerufen am 11. Dezember 2019 von Statista: https://de.statista.com/statistik/daten/studie/75779/umfrage/it-budgets-als-anteil-am-umsatz-nach-branchen/

KMU kämpfen mit Unklarheiten bei der Verwaltung von SaaS-Diensten. (9. Juli 2018). Abgerufen am 11. Dezember 2019 von Computerworld: https://www.computerworld.ch/business/business-it/kmu-kaempfen-unklarheiten-verwaltung-saas-diensten-1551843.html

KMU-Definition der Europäischen Kommission. (kein Datum). Abgerufen am 7. Dezember 2019 von IfM Bonn: https://www.ifm-bonn.org/definitionen/kmu-definition-der-eu-kommission/

KMU-Definition des IfM Bonn. (1. Januar 2016). Abgerufen am 7. Dezember 2019 von Institut für Mittelstandsforschung Bonn: https://www.ifm-bonn.org/definitionen/kmu-definition-des-ifm-bonn/

Kommission, E. (6. Mai 2003). *Dokument 32003H0361.* Abgerufen am 11. Januar 2020 von EUR-Lex: https://eur-lex.europa.eu/legal-content/DE/TXT/PDF/?uri=CELEX:32003H0361&from=EN

Mittelstand im Einzelnen. (kein Datum). Abgerufen am 22. November 2019 von Institut für Mittelstandsforschung Bonn: https://www.ifm-bonn.org/statistiken/mittelstand-im-einzelnen/#accordion=0&tab=8

Pardot B2B Marketing Automation – Preise. (kein Datum). Abgerufen am 11. Dezember 2019 von salesforce.com: https://www.salesforce.com/de/editions-pricing/marketing-cloud/pardot/?d=cta-body-promo-233

Peter Mell, T. G. (September 2011). *The NIST Definition of Cloud Computing.* Abgerufen am 19. Dezember 2019 von National Institute of Standards and Technology: https://csrc.nist.gov/publications/detail/sp/800-145/final

Preise. (kein Datum). Abgerufen am 11. Dezember 2019 von Sqaurespace: https://de.squarespace.com/preise/

Preise: Squarespace. (kein Datum). Abgerufen am 11. Dezember 2019 von Squarespace: https://de.squarespace.com/preise/

SaaS (security as a service). (13. August 2019). Abgerufen am 22. November 2019 von IT Wissen.info: https://www.itwissen.info/SaaS-security-as-a-service-Security-as-a-Service.html

Safe Harbor: Ein sicherer Hafen für europäische Daten? (13. Juli 2018). Abgerufen am 7. Januar 2020 von datenschutz.org: https://www.datenschutz.org/safe-harbor/

Schreiber, P., & Kittlaus, H.-B. (2010). SaaS – wie können KMU profitieren? *Wirtschaftsinformatik und Management: Vol. 2, No. 2.*, 36-42.

Stephen Watts, M. R. (15. Juni 2019). *SaaS vs PaaS vs IaaS: What's The Difference and How To Choose.* Abgerufen am 22. Januar 2020 von bmc blogs: https://www.bmc.com/blogs/saas-vs-paas-vs-iaas-whats-the-difference-and-how-to-choose/

Tenzer, F. (22. August 2019). *Wie wichtig sind die folgenden Kriterien und Leistungen bei der Auswahl eines Cloud Providers für Ihr Unternehmen?* Abgerufen am 7. Januar 2020 von Statista: https://de.statista.com/statistik/daten/studie/545924/umfrage/kriterien-bei-der-auswahl-eines-cloud-providers-in-deutschen-unternehmen/

Was ist Software as a Service (SaaS)? (kein Datum). Abgerufen am 11. Dezember 2019 von IT-Service.Network: https://it-service.network/it-lexikon/saas

Was SLAs für Software as a Service (SaaS) enthalten sollten. (8. September 2015). Abgerufen am 7. Januar 2020 von Computerweekly: https://www.computerweekly.com/de/feature/Was-SLAs-fuer-Software-as-a-Service-SaaS-enthalten-sollten

BEI GRIN MACHT SICH IHR
WISSEN BEZAHLT

- Wir veröffentlichen Ihre Hausarbeit,
  Bachelor- und Masterarbeit

- Ihr eigenes eBook und Buch -
  weltweit in allen wichtigen Shops

- Verdienen Sie an jedem Verkauf

Jetzt bei www.GRIN.com hochladen
und kostenlos publizieren